REGLEMENT GENERAL,

Pour toutes sortes de Teintures des soyes, laine & fil, qui s'employent aux Manufactures des Draps d'or & d'argent, de soye, tapisseries & autres Estoffes & Ouvrages.

Verifié en Parlement le 13. Aoust 1669.

A PARIS,

Chez FREDERIC LEONARD, Imprimeur ordinaire du Roy, & de la Cour de Parlement, ruë Saint Jacques, à l'Escu de Venise.

M. DC. LXIX.

Avec Privilege de sa Majesté.

STATVTS, ORDONNANCES ET

Reglemens, que sa Majesté veut estre observeZ par tous les Marchands Maistre Teinturiers en soye, laine & fil des Villes & Bourgs de son Royaume.

PREMIEREMENT.

ESDITS Marchands Maistres Teinturiers en soye, laine & fil de chacune Ville, demeureront unis & ne feront qu'une seule & mesme Communauté, à la charge neanmoins que les Maistres Teinturiers en soye ne pourront teindre ny vendre que de la soye. Comme aussi les Teinturiers en laine & fil ne pourront teindre ny debiter que de la laine & du fil ou des estoffes de mesme qualité, à la reserve des estoffes ou marchandises qui auront esté déja teintes, la liberté demeurant à tous Maistres Teinturiers de teindre indifferemment toutes sortes d'estoffes neuves ou usées, tant de soye que de laine ou de fil. Et en consequence de ce à l'advenir, ceux qui seront receus Maistres Teinturiers en soye, laine & fil, ne seront tenus de faire Chef-d'œuvre que sur l'une desdites teintures de soye, de laine ou de fil, & sur celle des trois qu'ils choisiront, & dont ils voudront travailler; Et quand aux Maistres de la Communauté desdits Teinturiers de soye, laine & fil qui sont à present, & qui ont esté déja receus; Ils seront tenus d'opter & de faire leurs declarations sur le Registre de la Com-

A

munauté, en quelle des trois fortes de teintures ils voudront travailler, & ce dans trois mois du jour de la publication du prefent Reglement à peine de trois cens livres d'amande contre chacun des contrevenans ; Et ladite option eftant faite, ne pourront lefdits Maiftres travailler en autre teinture qu'en celle qu'ils auront choifie fous les mefmes peines, & confifcation des eftoffes & marchandifes ; auront neantmoins lefdits Maiftres qui fe trouveront à prefent receus la liberté de changer l'option qu'ils auront faite pour une fois en faifant prealablement leur declaration par efcrit aux Jurez qui feront en charge, & fur le livre de ladite Communauté dans deux mois, apres lefquels ils n'y feront plus receus. Ce qu'ils feront pareillement tenus de faire devant le Juge de police & fans frais.

I I.

Election
des Gardes
& Iurez.

Pour Maintenir dautant plus lefdits Maiftres Marchands Teinturiers dans l'union & la bonne intelligence en laquelle ils doivent vivre ; Et pour tenir la main à l'execution des prefens Reglemens fera nommé par chacun an à la pluralité des voix le mefme jour que les élections ont efté cy-devant faites, & pour les lieux où n'en a efté fait à tel jour qui fera reglé par les Officiers qui ont droit de le faire, le nôbre des Gardes ou Jurez dudit Art de Teinturier qu'ils aviferont bon eftre, eu égard aux lieux où fe font lefdites elections, fçavoir, dans les Villes où il y a Teinturiers en foye, laine & fil fera éleu pareil nombre de Teinturiers en foye que de Teinturiers en laine & fil, c'eft à dire que quand l'élection fera de quatre Iurez, il y en aura deux en foye, un en laine & un en fil, & s'il y en a plus le mefme ordre & proportion fera obfervé, & dans les Villes où il n'y aura que des Teinturiers en laine & fil, le nombre des Iurez de l'une & lautre qualité fera égal ; lefquels Gardes & Iurez prefteront le ferment pardevant lefdits Officiers de bien & deuément exercer leur commiffion pendant le temps d'icelle, qui ne pourra eftre moins que d'une année, & les Iurez fortans de charge fera procedé à nouvelle élection ; mais de maniere qu'il y aye toûjours moitié de Iurez Teinturiers en foye & l'autre moitié en laine & fil, & qu'il y refte moitié des anciens pour inftruire les

nouveaux

nouveaux, & ainsi successivement d'année en année le mesme
ordre sera tousiours observé ; seront tenus lesdits Jurez de bien &
deuëment faire leurs charges, de rechercher en faisant leurs
visites chez tous les Maistres Teinturiers les contraventions qui
pourroient estre faites au present Reglement, & d'en faire leurs
rapports en la maniere accoustumée au Juge de police des Manufactures, & seront lesdits Gardes ou Jurez visitez par deux
Maistres du mesme Corps, qui seront aussi choisis & nommez à
la pluralité des voix le mesme jour de l'élection desdits Jurez,
sans qu'ils puissent faire visite que chez lesdits Jurez, ny à cause
de ladite commission pretendre rang ny voix deliberative autre
que celle de leur ancienneté ; Ne pourront lesdits Maistres dudit
Art faire aucunes brigues, festins & autre depence en quelque maniere que ce soit, pour estre éleu Garde ou Juré devant
ny apres l'élection, à peine de cent livres d'amande contre chacun de ceux qui auront fait lesdites brigues, donné ou accepté
lesdits festins, dont sera delivré executoire par le Juge de police contre les contrevenans. Et un mois apres que lesdits Jurez
seront sortis de charge ils seront tenus de rendre leur compte en
presence des six anciens qui auront passé par les charges, & de
trois modernes de toutes les qualitez des Teinturiers en soye, laine & fil & sans frais.

III.

LEs Maistres Gardes ou Jurez en charge chacun à leur égard
feront tous les ans quatre visites generales chez les Maistres
Teinturiers en soye, laine & fil, & chez les plieurs de soye, pour
chacune desquelles chacun Maistre Teinturier leur payera dix
sols, & leur donnera son nom, & les noms & surnoms de ses fils
Apprentifs & Compagnons, pour connoistre s'ils ont esté en-
registrez sur le Livre de la Communauté dudit Corps; Et en cas
que lesdits Gardes ou Jurez trouvent de la defectuosité en quelques unes desdites teintures ils pourront faire saisir & enlever
les choses mal teintes en vertu du present article collationné par
un Conseiller & Secretaire de sa Majesté sans demander viza
ny pareatis à aucuns Juges, estans assisté d'un Officier de Justice ;
à cet effet, tous les Maistres Teinturiers & plieurs de soyes seront tenus d'ouvrir ausdits Jurez leurs maisons, magazins & bou-

tiques. Et lorſque leſdits Maiſtres Teinturiers ſortiront de charge, ils remettront entre les mains de ceux qui leur ſuccederont
tous les Regiſtres & Papiers de ladite Communauté avec les
Roolles où ſont inſcrits les noms & ſurnoms des Maiſtres, Fils
de Maiſtres, Compagnons & Apprentifs qu'ils auront trouvé
en faiſant leurs viſites travaillans auſdites teintures.

IV.

Pour empeſcher les fraudes & abus des teintures ſera à l'advenir obſervé ce qui enſuit.

V.

Luſtre.   PREMIEREMENT, Comme le luſtre de la ſoye en eſt la prin-
cipale qualité, & qu'il eſt important de le donner en perfection,
ce qui depend particulierement de bien decreuzer ladite ſoye:
Tous les Maiſtres Teinturiers en ſoye ſeront tenus de bien &
deuëment faire cuire & de creuzer toutes ſortes de ſoyes de quelque couleurs que ce ſoit, ſans exception, avec bon ſavon blanc,
deffences d'employer de noir, duquel ſavon blanc leſdites ſoyes
ſeront apres bien degorgées en les battant & lavant dans la Riviere; enſuite ſeront miſes dans un bain d'alun de Rome tout à
froid, & non à chaud, attendu que la chaleur dans l'alun pert
le luſtre de la ſoye, & de plus le rend rude & acre.

VI.

TOUTES les ſoyes pour teindre en Cramoiſy apres eſtre bien
degorgées de leur ſavon, comme dit eſt cy-deſſus, ſeront alunées fortement, & puis bien lavées & battuës afin de les degor-
ger dudit alun; Et enſuite ſeront miſes dans vn bain de cochenille chacune ſelon ſa couleur en la maniere qui ſera expliquée
cy-apres.

VII.

Teintu-   LES Rouges & Eſcarlates Cramoiſy, ſeront faites de pure Co-
res de   chenille maeſtrecht y adjouſtant la galle à l'eſpine, le terameri-
ſoye   ta, l'arcenic & le tartre de Montpellier, le tout mis enſemble
dans une chaudiere pleine d'eau claire, preſque boüillante, & la
ſoye eſtant preparée, comme il eſt dit cy-devant, ſera miſe dans
ladite Chaudiere pour y boüillir inceſſamment l'eſpace d'u-
ne heure & demie, apres quoy ladite ſoye ſera levée, & le feu
oſté de deſſous la chaudiere, laquelle ſoye eſtant froidie par le-

vant qu'on luy fera prendre; Elle fera rejettée dans le reste dudit
bain de cochenille & mise à fonds pour y demeurer jusques au
lendemain, fans y mesler devant ny apres aucun bresil, orseille,
Rancourt ny autre ingredien pour quelque cause que ce soit, à
peine de cent cinquante livres d'amande pour chacune contravention.

VIII.

Les Violettes Cramoify, feront aussi preparez, comme dit
est, & faits de pure cochenille avec la galle à l'espine plus mode-
rement qu'au Rouge, l'arsenic, & le tartre, puis boüilly comme les autres cy-deffus, Et en suite bien lavez & passez dans une
bonne cuve dinde, & dans sa force, sans mélange d'autres ingrediens.

IX.

Les Canellez ou tannez Cramoify, feront faits comme les
Violets cy-deffus, & s'ils font clairs on les pourra rabatre avec la
couperose; mais s'ils font brunis & violets feront passez sur une
cuve d'inde mediocre, sans mélange d'autres ingrediens.

X.

Les Bleus passes & bleus beaux feront teints de pure cuve
dinde.

XI.

Les Bleus Celestes ou complets auront pied d'orseille de
Lyon autant que la couleur le requierra, puis passez sur une
bonne cuve aussi dinde.

XII.

Les Gris de lin filvie ou aubifoin feront d'orseille de Lyon ou
Flandre, puis rabbatus avec un peu de cuve dinde, si besoin est,
ou de la cendre gravelée.

XIII.

Les Citrons feront alunez, puis teints de gaude avec un peu
de cuve dinde.

XIV.

Les Jaunes de graine feront alunez, puis forts de gaude, &
mesme couverts avec un peu de bain de Rancourt suivant la
couleur.

XV.

L es Jaunes pasles seront alunez & teintes de gaude seule.

XVI.

L es Aurores pasles & brunes seront alunées, puis gaudez fortement, & ensuite rabattus avec le rancourt, lequel sera preparé & dissous avec cendre gravellée potasse ou soulde.

XVII.

L es Izabelles pasles & dorées seront teintes avec un peu de Rancourt preparé comme dessus, & sur le feu.

XVIII.

L es Orangers seront teints sur le feu de pure rancourt preparé, comme dessus, & les brunes seront ensuite alunez, & on leur donnera un petit bain de brezil, si besoin est.

XIX.

L es Ratines ou couleur de feu auront mesme pied de rancourt que les orangers, puis seront alunées, & on leur donnera bain ou deux de bresil, suivant la couleur.

XX.

L es Escarlates ou Rouges rancez n'auront de pied de rancourt que la moitié de ce qui s'en donne aux orangers, puis seront alunées, & en suite on leur donnera deux bains de bresil.

XXI.

L es Celadons verds de pomme, verds de mer, verds naissans & verds gays, seront alunez, & ensuite gaudez avec gaude où sarrete suivant sa nuance, puis passez sur la cuve dinde.

XXII.

L es Verds Bruns seront alunez, gaudez avec gaude, ou sarrete & passez sur une bonne cuve dinde, puis rabbatus avec le verd & le bois dinde.

XXIII.

L es Feüilles mortes seront alunées, puis teints avec la gaude & fustel, & rabbatus avec la couperose.

XXIV.

L es Olives & verds roux seront allunées, puis montez de gaude & fustel, & rabattus avec le bois dinde & couperose.

XXV.

L e Rouge Incarnat & Roze seront alunez & faits de pur bresil.

XXVI.

XXVI.

L E s Canelez & Rose-saiche seront alunez & faits de bresil &
bois dinde.

XXVII.

L E Gris violant sera aluné & fait de bois dinde.

XXVIII.

L E s Violets seront montez de bresil, bois dinde ou de l'orseille, puis passez sur la cuve dinde.

XXIX.

L E s Gris plombez seront tous faits de fustel, ou avec de la
gaude ou sarreste, bois dinde, eau de galle & couperose.

XXX.

L E s Muscs minimes, gris de maure, couleur de Roy & de
Prince, tristamie, noisettes & autres de couleur semblable seront faits de fustel, bresil, bois dinde & couperose.

XXXI.

E N toutes lesquelles couleurs ne sera donné aucune surcharge de galle à peine de cent cinquante livres d'amande pour chacune contravention, attendu que c'est faussseté, & que ladite
surcharge appezantit les soyes ; ce qui cause une notable perte
à ceux qui les acheptent & employent.

XXXII.

L E s Grosses soyes pour mettre en noir seront bien decreusées
avec savon blanc & non noir, & ensuite bien lavées & torses,
puis seront mises en corde ou dans des bastons, apres quoy on
fera boüillir un bain de galles appellé vieille galle, & une heure
& demie apres qu'elle aura bien boüilly, la soye sera mise dans ledit bain de galle, & laissée pendant un jour & demy, ou deux
jours ; puis sera tirée dudit bain & bien lavée dans de l'eau claire, & apres torse : Ensuite sera mise dans une chaudiere de galle neuve, où ne sera mis de galle fine que la moitié de la pesan-
teur de la soye, pour y demeurer un jour ou deux au plus, & apres
sera lavée & torse, puis passée sur la teinture noire & baillé trois
feux au plus, & non davantage ; apres sera bien battuë & bien lavée, puis addoucie avec du savon blanc de bonne qualité, & non
autre ; & ensuitte torse & mise seicher.

C

XXXIII.

LESDITS Maiſtres Teinturiers ne pourront paſſer leſdites ſoyes noires plus de deux fois dans la galle, ny de les paſſer dans l'alun, ny auſſi bailler aucun noir entre deux galles, ny meſler aucun noir avec les galles, ains le noir ſera donné ſur de la galle blanche, ny faire aucun biſcuit, ny faux noir, à peine de deux cens livres d'amande pour chacune contravention, & de fermer la boutique du contrevenant pendant ſix mois pour la premiere fois, & d'interdiction de la Maiſtriſe pour touſiours en cas de recidive ; attendu que cela bruſle & ſurcharge les ſoyes. Et ſur les meſmes peines ne pourront auſſi paſſer dans la galle aucunes ſoyes couleur de triſtamie, canelle, minime, pain bis, gris ſalle, feüille morte & generalement toutes ſortes de couleurs, excepté le gris brun ; lequel gris brun ſera decreuzé & puis lavé & torts, & apres mis à froid dans une vieille galle, & enſuite lavé, & mis ſeicher, ſans mettre de la moüllée de taillandier ſans aucun noir ſur les meſmes peines que deſſus.

XXXIV.

ET quand aux ſoyes noires fines, elles ſeront decreuzées, lavées & torſes, de meſme qu'il eſt dit cy-deſſus pour la groſſe ſoye noire ; & apres on fera boüillir de la galle neuve pendant une heure, puis la ſoye y ſera miſe une fois ſeulement, & enſuite lavée, torſe & paſſée ſur le noir deux ou trois fois au plus, apres bien lavée & adouſſie avec bon ſavon blanc, & non autre; & puis mis ſur les perches pour ſecher.

XXXV.

LES Gris noirs (vulgairement appellez Gris minimes) ſeront engallez, comme le noir & paſſez ſur la teinture noire autrement appelle un feu une fois ſeulement.

XXXVI.

ET pour le regard des ſoyes fines organcinées, moulinées & appareillées pour eſtre employées en eſtoffes de ſoye, meſme les poils ou trames de quelques qualitez qu'ils ſoient, leſdites ſoyes ſeront teintes ſeulement avec des galles legeres, ſçavoir, quatre once de galle fine pour chaque livre de ſoye ſans alun, ny aucune autre ſurcharge à peine de confiſcation, & de cent livres pour chacune contravention.

XXXVII.

N E Pourront lefdits Maiftres Teinturiers mettre dans le bain
d'álun les foyes blanches fans foulphre, tant pour filer l'argent,
que pour faire autres ouvrages, à peine de confifcation.

XXXVIII.

C o m m e auffi ne pourront lefdits Maiftres Teinturiers teindre aucunes foyes en noir ny couleur à demy bain vulgairement
appellé teint fur le cru ; mais feront toutes fortes & qualitez de
foyes bien deuëment cuittes & decreuzées, comme il a efté dit
cy-devant, à peine d'eftre lefdites foyes confifquées & de cent livr.
d'amande pour chacune contravention; Et neantmoins, attendu
que pour les petits velours à un poil qui fe font en la ville de
Lyon feulement, Et pour les crefpes ou crefpons, gazes & toilles de foye qui fe font en plufieurs lieux, on a neceffairement
befoin de foyes teintes fur le cru, il fera anuellement nommé par
les Officiers de police des Manufactures un Maiftre Teinturier,
lequel pourra feul, à l'exclufion de tous autres, teindre, pendant
ladite année les foyes fur le cru, pour lefdits petits velours de
Lyon , lefdits crefpes, crefpons, gazes & toilles de foye feulement, & non pour autres Eftoffes ; à condition toutesfois que
ledit maiftre Teinturier ainfi nommé & choifi pour vne année
tiendra Regiftre, qui fera paraphé par le Greffier dudit Juge de
police des Manufactures de toutes lefd. foyes par luy teintes fur
le cru, des noms de ceux qui les auront données à teindre ; duquel Regiftre il donnera communication fans deplaffer aux Gardes & Jurez en charge du Corps des Marchands Maiftres Ouvriers en foye, toutesfois & quantes qu'il en fera requis, pour par
lefdits Jurez Ouvriers en foye connoiftre fi toutes lefdites foyes
feront employées aufdites Fabriques de petits velours de Lyon;
Et aux crefpes , crefpons, gazes & toilles de foye , & éviter
les fraudes & abus qui s'y pourroient commettre en les em-
ployans à d'autres Eftoffes, à peine contre ledit Teinturier nommé & choify, comme dit eft, ne tenant ledit Regiftre, ou qui
en refuferoit la communication, ou qui tiendroit d'autres Eftoffes que celles cy-deffus fur le cru & contre les autres Teinturiers
non nommez qui tiendroient defdites foyes fur le cru de cent
livres pour chacune contravention & d'interdiction de la fon-
ction de fon exercice pour fix mois.

XXXIX.

Teintu-
res des
laines. POUR aussi faire soigneusement & exactement observer la bonne teinture aux laines, qui seront employées en tapisserie & autres ouvrages, elles seront teintes à l'advenir en la maniere cy apres.

XL.

PREMIEREMENT les Violets & Amarante Cramoisy, seront faits de cuve & Cochenille, sans y mesler de l'orseille, ny autres ingrediens.

XLI.

LES Couleurs de Roze ou Pourpre, seront faites de cochenille, sans les rabatre d'orseille.

XLII.

LES Rouges bruns de bon teint, seront faits de cume & rabattus de garance, sans y mesler du bresil.

XLIII.

LES Escarlates & Incarnats couleur de feu, Orangé, Jaune doré & Izabelle seront teints de bonne teinte en garence, sans mesler du fustel.

XLIV.

LES Bleus vert-gay, Vert de pomme, Vert de chou, Vert d'olive, Vert de mer, Vert d'œillets & celadon, seront gaudez & passez en cuve, sans les brunir avec du bois dinde.

XLV.

LES More doré & Feüilles mortes & Vert Roux, seront gaudez & passez en cuve.

XLVI.

LE Noir de bon teint, sera teint en bleu & rabattu de galle à l'épine & couperose, sans y mettre de la moullée de taillandier.

XLVII.

LES Couleurs communes seront teintes de galle à l'épine, & toutes sortes d'ingrediens, que lesdits Teinturiers jugeront les plus propres pour leur bonté.

XLVIII.

LES Gris & Noirs communs seront teints de galle à l'épine & couperose.

XLIX.

XLIX.

LES Couleurs de feu, Orangez & Nacarats, seront teints de bourre teinte en garance.

L.

LES Ratines de Beauvais, Moüy, Merlou, Serges de Londre & d'Aumalle, Barracans & Revesches pour estre faites Rouges, seront teintes en garance.

LI.

TOUTES sortes de Serges, Camelots, Estamines, Ratines de Roüen, Dieppe, Beauvais, Londre, & façons de Londres, Aumalle, Chaalons, Chartres, Moüy, Revesches & Barracans, pour estre mis en couleur de Nacarat & Incarnadin, seront teintes de bourre teinte en garance.

LII.

LESDITES Serges de Londres & façon, celles de Moüy, Chaalons, Chartres, Aumalle, Camelots & Estamines pour Cramoisy, Viollet, Pensée Gris & Rouge, seront teints de Cochenille.

LIII.

LESDITES Serges de Londres, Moüy, Merlou, Aumalle, Chaalons: Chartres, Ypres, Ascot, Camelots, Estamines, Ratines de Roüen, Beauvais, Dieppe, Revesches de Beauvais, d'Angleterre, & Barracans pour faire noir, seront teintes en bleu, pairce, galles & couperose.

LIV.

LESDITES Serges & Revesches cy-dessus exprimées pour le vert & le bleu seront teintes de pastel de Languedoc.

LV.

POURRONT lesdits Mrrchands Teinturiers en laine blanchir toutes sortes de toilles de lin, cotton, chanvre, fils, Camelots, Serges, Ratines & Estamines neufves ou vieilles, bas d'estames, comme aussi de vendre & negocier des canevats de toutes sortes de largeur pour faire des tapisseries seulement.

LVI.

SERA teint par chacun an des échantillons desdites laines du mesme pied, nuance & couleur & en la maniere prescrite pour les échantillons des soyes en l'article quatre-vingts du present

D

Reglement, pour en estre usé ainsi qu'il est dit par iceluy au regard des teintures desdites laines.

LVII.

ET comme il importe aussi que le fil soit teint de bonne teinture afin de ne rien obmettre de ce qui en peut faire la beauté & le bon usage, la teinture des fils de toutes sortes & qualitez sera observée par les Maistres Teinturiers en fil, comme il sera dit ey-apres.

LVIII.

PREMIEREMENT, avant que de mettre aucun fil à la teinture il sera descrué ou lessivé avec bonne cendre, & apres retors, & lavé en eau de Riviere ou de Fontaine, & aussi retors.

LIX.

- LE Fil pers appellé vulgairement fil à marquer retors & simples & le bleu brun cler & mourant seront teints avec inde platte ou indigo.

LX.

LE Vert gay sera premierement fait bleu, & en suite rabattu avec bois de campesche & verdet, puis gaudé.

LXI. & LKII.

LE Vert brun sera fait comme dessus, mais bruny davantage & puis gaudé.

LXIII.

LE Citron jaune pasle & plus doré sera teint avec gaude & fort peu de rancourt.

LXIV.

L'ORANGER izabelle couvert, izabelle pasle jusques au cler & aurore, sera teint avec fustel, rancourt & gaude.

LXV.

LE Rouge clair & plus brun, Ratine claire & plus couverte, seront teints avec bresil de frenembour & autre & rancourt.

LXVI.

LE Violet rozesesche, amarante clere ou brune sera teint avec bresil, & rabattu avec la cuve dinde ou indigo.

LXVII.

LE Feüille morte clere & plus brune & la couleur d'olive, sera bruny avec galle & couperose, & rabbatu avec gaude, rancourt ou fuftel fuivant l'échantillon.

LXVIII.

L E Minime brun & clerc, mufc brun & cler, fera bruny avec galle & couperofe, & rabbatu avec gaude, rancourt ou fuftel,

LXIX.

L E gris blanc, gris falle, gris brun, gris de caftor, de breda & de toutes autres fortes de gris, feront brunis avec galle à l'efpine & couperofe & rabbatus avec gaude, fuftel, brefil, campefché & autre ingrediens neceffaires fuivans les échantillons & le jugement de l'ouvriër.

LXX.

L E noir fera fait de galle a l'efpine & couperofe, lavé & achevé avec bois de campefché. Et pour d'autres noirs ils feront coroyez avec bōne huille d'olive & cendre, gravelée fans y employer de mauvaife huille.

LXXI.

N E pourront employer aufdites teintures autre favon que celuy de Gennes & d'Alican, ou de femblable bonté & qualité.

LXXII.

N E pourront auffi mefler le fil de chanvre avec le fil de lin en bottes, plotons, ny retorts en quelque maniere que ce foit.

LXXIII.

T o u s les fils de lin du Royaume, de Flandres & autres pays eftrangers, ne feront teints en bleu, commun, mais feulement en cuve.

LXXIV

L E s D I T s Teinturiers ne feront imprimer de bidauct aucunes toilles neuves ou vieilles, ny fil de lin, chanvre & cotton qu'elles n'ayent de bonnes galles, & ne feront lefdites toilles empefées ou collés pour callendrer qu'elles ne foient bien & deuëment teintes.

LXXV.

L' o N ne brefillera aucunes toilles perces neufves ou vieilles ny fil à marquer dù linge qu'elles ne foient teintes en bonne cuve, fans qu'elles puiffent avoir pied d'autres teintures ; ny l'on ne debitera aucune toilles neuves pour bon teint qu'elles ne foient teintes de cuve.

LXXVI.

LESDITS Maiftres Teinturiers ne pourront mettre des fa-
vons, huilles graiffes & d'autres ingrediens infects, gras & defe-
ctueux aux demyes Eftades, Eftadines, Satins de burges, Efta-
mines, Futaines & autres Marchandifes & Ouvrages qu'ils feront calendrer.

LXXVII.

Aman-
des.

TOUTES lefdites foyes, laines, fil & toilles, feronr teintes
en la maniare cy-devant exprimée, à peine de cinquante livres
d'amande pour chacune contravention à l'égard des Articles,
où n'eft fait mention de ladite peine.

LXXVIII.

POUR connoiftre avec certitude la bonne ou mauvaife teinture dudit fil, Il fera teint des échantillons dudit fil, & usé pour
ce regard comme pour les foyes & laines fuivant les cinquante
fix & quatre-vingt Articles dudit prefent Reglement.

LXXIX.

Bon &
petit
,teint.

NE pourront lefdits Marchands Maiftres Teinturiers en foye
& eftoffes de foye teindre en petit teint aucunes eftoffes & ouvrages dependans & appartenans aux Teinturiers du petit teint, ny
lefdits Teinturiers du petit teint teindre aucunes foyes ny eftoffes de foyes, attendu que cela n'appartient qu'aux Teinturiers du
bon teint, à peine de cent livres d'amande pour chacune contravention, & d'interdiction de leur exercice pour fix mois.

LXXX.

Model-
les des
foyes &
laines
en cra-
moify.

POUR avoir des modelles de toutes fortes de nuances en cramoify, fur lefquels les épreuves auront efté faites, fera teint tous
les deux ans aux frais de la Communauté defdits Marchands,
Maiftres Teinturiers, & à la diligence des premiers Gardes ou
Jurez qui feront en charge quinze jours apres leur élection, en
prefence du Juge de police des Manufactures ou de celuy qui fera par luy commis à cet effet, & d'un Marchand Mercier & un
Marchand Maiftre Ouvrier en foye qui feront nommez par ledit
Juge de police & de quatre des plus anciens Maiftres Teinturiers, dont deux travaillant en foye, un en laine & l'autre en fil,
fçavoir, la quantité de deux livres de foyes, de feize fortes de
nuance en cramoify, quatre rouges, quatre écarlates, quatre
violets

violets,& quatre cannellez,& pareille quantité de laine de mefme forte de cramoify, pour eftre lefdits deux livres de foyes, &
deux livres de laines ainfi teintes, partagées en trois portions,
également & chacunes d'icelles, cachetées du fceau & marque
de la Communauté des Marchands Merciers, des Marchands
Maiftres Ouvriers en draps d'or, d'argent & foye, & defdits
Marchands Maiftres Teinturiers ; & enfuite chacune portion
mife au bureau de chacune defdites Communautez pour y fervir d'efchantillons, dans la verification des fauffes ou verita-
bles Teintures de cramoify. Et pour éviter encores les fraudes
& particulierement celles qui fe pourroient faire par le meflan-
ge des Teintures de foye & de laine. Ne pourront les Maiftres
Teinturiers loger ou demeurer plufieurs enfemble dans une
mefme maifon, ou tenir mefme boutique, s'ils ne travaillent
de mefme travail, & de femblable teinture, à peine de cinq
cens livres d'amende,& d'interdiction de la Maiftrife.

L X X X I.

Et pour connoiftre fi les foyes auront efté bien teintes en
cramoify en conformité defdits Efchantillons, & de la maniere prefcrite par le prefent Reglement, ou s'il y aura efté contrevenu & mis de faux ingrediens ; auffi fi lefdites foyes n'auront point efté engallées, & afin que les Juges qui en doivent
connoiftre foient parfaitement inftruits de la verité, & ne puiffent eftre furpris, les foyes qui feront faifies comme pretenduës
de fauffe teinture, feront débouïillies par les Gardes ou jurez
Teinturiers en prefence de celuy fur lequel la faifie en aura efté
faite, ou luy deuëment appellé pardevant & en la prefence du
Juge à qui la connoiffance en appartiendra en cette maniere ;
fçavoir le rouge cramoify avec de l'alun du poids de la foye,
l'efcarlatte cramoifie avec du favon approchant le poids de la
foye,&le violet cramoify avec de l'alun auffi pefant que la foye,ou
bien du jus de citron environ une chopine mefure de Paris pour
une livre de foye, plus ou moins à proportion,lefquels ingrediens
feront meflez & mis dans l'eauë claire quand elle commencera à
boüillir, & enfuite les foyes feront mifes dans le mefme vaiffeau.
Et apres que les unes & les autres defdites foyes auront boüilly
environ un demy-quart d'heure fera obfervé que fi les teintures

Débouïil
ly des
foyes.

E

font fauſſes, le boüillon de la ſoye rouge ſera violet pour marque qu'elle aura eſté teinte avec de l'orſeille, & s'il eſt fort rouge, s'en ſera une qu'elle l'a eſté avec du breſil; & ſi au contraire la teinture en eſt bonne, l'eau aura peu de changement. Pour l'eſcarlatte cramoiſy, s'il y a du rancourt, le boüillon deviendra comme couleur d'aurore, & s'il y a du breſil, il ſera rouge: Quand au violet cramoiſy, s'il y a breſil ou orſeille, le boüillon deviendra de couleur tirant ſur le rouge, & pour plus grande conviction des bonnes ou fauſſes Teintures, il ſera mis dans le déboüilly des eſcheveaux de ſoyes, des eſchantillons mis au bureau de ladite Communauté des meſmes nuances & couleurs que celles qui ſeront accuſées de fauſſeté, afin que par la comparaiſon de l'une à l'autre on puiſſe certainement juger de la bonne ou mauvaiſe qualité deſdites teintures apres ledit déboüilly.

LXXXII.

Et pour connoiſtre encore ſi toutes les autres couleurs non cramoiſies, appellées couleurs communes, auront eſté engallées, la ſoye ſera miſe dans de l'eau claire bouillante avec ſavon ou cendre gravelée environ la peſanteur de la ſoye, & le tout ayant bouilly un bouillon, ſera ladite ſoye retirée du vaiſſeau où elle aura bouilly, & lors ſi elle eſt ſurchargée de galle, toute la couleur ſe perdra, & ne reſtera que la couleur que la galle luy aura donnée, qui ſera comme feuille-morte, ou couleur de bois. Ou bien ladite ſoye ſera miſe dans de l'eau bouillante avec demy-ſeptier de jus de citron meſure de Paris; apres quoy elle ſera tirée & lavée dans de l'eaue froide, puis paſſée dans la teinture noire; enſuite dequoy ſi ladite ſoye eſt engallée, elle deviendra noire, & n'eſtant pas engallée elle deviendra couleur de triſtamie ou pain bis. Et afin de connoiſtre ſi le noir eſt par trop engallé & ſurchargé de galle, limaille de fer, ou moullée de tailландier, le déboüilly s'en fera dans de l'eau claire avec du ſavon peſant le double de la ſoye, & apres avoir boüilly un bouillon, ſi elle a eſté ſurchargée, elle deviendra rougeaſtre, & ſi elle ne l'a pas eſté, elle conſervera ſa couleur.

LXXXIII.

Nul ne ſe pourra ingerer, ny s'employer dans le negoce &

art de la Teinture des foyes, laine, fil, & étoffes en aucun lieu
du Royaume, s'il n'eft receu Marchand Maiftre Teinturier en
foye ou laine, ou fil, & fait Chef-d'œuvre en la maniere dite
cy-deffus, à peine de trois cens livres d'amende, & de confifcation des marchandifes. Et parce que la Teinture eft un art qui
ne fe peut apprendre que par un long-temps & beaucoup d'experience, nul ne pourra à l'advenir eftre receu Maiftre dudit
art de Teinturier du bon teint de foye, de laine & fil, en quelque lieu que ce foit, qu'apres avoir efté apprentif & compagnon pendant fix années, & fait Chef-d'œuvre en la maniere
dite cy-apres; fi ce n'eft les compagnons forains qui le pourront
eftre au bout de quatre années. Nonobftant tous Edicts, Declarations, & Arrefts à ce contraires.

LXXXIV.

SERONT tous les Maiftres Teinturiers de foye, laine, & fil,
tenus d'avoir en leurs maifons, boutiques, & ouvroirs chacun
un cachet & marque, ou d'un cofté fera gravé le nom & armes
de la Ville où ils demeurent, & de l'autre leur nom, pour eftre
ledit Cachet & marque appliquez & imprimez fur un plomb
qui fera attaché avec un fil fur les bottes de foyes, laine ou fil,
& au Chef & tefte des Eftoffes par eux teintes lors qu'ils les li-
vreront: En forte que ledit fil & plomb ne fe puiffent feparer
& ofter du lieu où ils feront appliquez fans une rupture vifible,
afin de pouvoir connoiftre par qui lefdites étoffes, foye, laine,
& fil feront teintes, de la bonté defquelles teintures ils demeureront garands & refponfables: Et à cét effect chacun defdits Maiftres Teinturiers fourniront une emprainte de leurdite
marque tant au Bureau de leur Communauté qu'en ceux des
Marchands Merciers & Marchands Maiftres Ouvriers en draps
d'or, d'argent, & de foye entre les mains des Maiftres Gardes
ou Jurez defdites Communautez en charge, qui feront tenus
d'en faire mention fur leurs regiftres, pour y avoir recours quand
befoin fera: Ne pourront lefdits Teinturiers vendre ny livrer
lefdites étoffes, ny les foye, laine, & fil en bottes, & aucunes
perfonnes les achepter ny recevoir fans eftre marquées comme
dit eft; Ne pourra encore le Teinturier mettre autre marque
que la fienne, le tout à peine de cent livres d'amende pour cha-

cune contravention, & de confiſcation deſdites étoffes, de
ſoye, laine & fil non marquez.

LXXXV.

SERONT tenus leſdits Maiſtres Teinturiers, ou leurs veufves
de tenir bon & fidel regiſtre de toutes les ſoyes, laines, fil,
étoffes, & marchandiſes qu'ils teindront de quelques qualitez
qu'elles ſoient pour y avoir recours quand beſoin ſera, leſquelles
étoffes, ſoye, laine & fil, ils montreront à ceux qui leur auront
donnez pour teindre toutesfois & quantes qu'ils en ſeront requis, à peine de trente livres d'amende pour chacun refus; &
ne pourront leſdits Maiſtres Teinturiers défaire ny diviſer les
pantines de ſoyes cruës ou teintes, ny les charger, humeéter,
huiller, ou engraiſſer en quelque maniere que ce ſoit; mais les
rendront en la forme qu'ils les auront receuës, à la reſerve de la
teinture bien ſeiches & bien conditionnées, meſme les rochets
& bobines ſur leſquelles elles ſeront devidées, leſquels rochets
ſeront à cet effet marquez par le Maiſtre auquel leſdites ſoyes
appartiendront, à peine de cinquante livres d'amende pour
chacune contravention, & des dommages & intereſts, de ceux
qui les auront données à teindre.

LXXXVI.

POURRONT leſdits Marchands Maiſtres Teinturiers en ſoye
vendre tant en gros qu'en détail de toute ſorte de ſoyes cruës ou
teintes, fleuret, capiton, trames, & autres generalement quelconques de quelques natures & qualitez que puiſſent eſtre leſdites ſoyes; & leſdits Teinturiers en laine pourront vendre des
laines teintes; & pourront auſſi les Teinturiers en fil, vendre du
fil de lin, chanvre, cotton, fil à marquer, fil à ſangle & retorts
blanc, & autres couleurs & ruban de fil de toutes couleurs dont
ſe ſervent les Tapiſſiers, & autres marchandiſes qui leur ont eſté
permiſes par Arreſt, ainſi qu'ils ont fait par le paſſé; Et pourront auſſi avoir ſeuls en leurs maiſons, boutiques, ouvroirs, &
magazins des chaudieres ou fourneaux ſcellez & à ſceller, cal-
landres, moulins, eſparts, poteaux, chevilles, preſſes, & autres
uſtancilles generalement quelconques, neceſſaires à leurs manufactures & negoce, deffenſes à toutes autres d'en avoir; ET
pourront auſſi leſdits Teinturiers donner l'eauë & le luſtre à

toutes

toutes sortes d'étoffes de soye neufves, ou aux vieilles teintes ou non teintes, & jouïront lesdits Teinturiers de l'exemption du droit de haut-ban, & exposeront leurs ouvrages en leurs étalages, boutiques, & magazins, sans aucun trouble ny empeschement, ainsi que par le passé.

LXXXVII.

POURRONT lesdits Teinturiers de soye, laine, & fil, faire attacher à leurs maisons des perches pour teindre sur ruë lesdites soyes, laine & fil, étoffes, & autres ouvrages qu'ils auront teints, lesquelles perches ne pourront passer la moitié de la ruë, & lesdites étoffes & ouvrages descendre qu'à trois toizes prés de terre, suivant l'ancien usage. *Perches sur ruë.*

LXXXVIII.

LESDITS Marchands Teinturiers en soye, laine, & fil, n'auront en leurs boutiques, ouvroirs, & magazins, autres poids pour pezer leurs marchandises, & d'aulnes pour les aulner que celles qui seront justes & ordinaires à tous les Marchands du mesme lieu de leur demeure, & qui ne soient estallonnées & marquées de la marque dudit lieu, à peine de trois cens livres d'amende, & d'interdiction de leur exercice. *Poids & mesures.*

LXXXIX.

SI les soyes, laines, fil, & marchandises teintes venoient à estre saisies & venduës sur ceux qui les auront fait teindre, les Marchands Maistres Teinturiers seront payez par preference à leurs creanciers sur les deniers en provenans des sommes qui leur seront deuës pour lesdites teintures des deux dernieres années seulement, pourveu que les parties en soient arrestées, attendu que c'est œuvre de main, & que lesdites Teintures augmentent le prix desdites marchandises ; & pour le surplus de leur deub y viendront par contribution. *Privilege.*

XC.

LE temps des Aprentifs Teinturiers en soye, laine & fil sera de quatre années, & aucun Maistre ne pourra prendre des Aprentifs pour moindre temps ; le Brevet sera passé pardevant Notaire & Enregistré sur le Regïstre du Greffier de la police & sur celuy de la Communauté quinze jours apres la passation dudit Brevet, & demeureront lesd. Aprentifs actuellement au service de leurs *Aprentifs.*

Maiſtres, à peine de nullité s'il n'y à cauſe legitime pour les en diſpenſer. Aucun Maiſtre ne pourra prendre plus de deux aprentifs, dont le ſecond ne ſe pourra obliger qu'àpres l'expiration des deux années du premier. Huit jours apres la fin de l'Aprentiſſage le Maiſtre fèra faire une experience de teinture à ſon Aprentif en preſence des Maiſtres & Jurez en charge, & luy donnera Certificat en bonne forme apres ladite experience faite, ſauf à ce pourvoir pour ce qui luy pourra eſtre deub à cauſe dudit Apprentiſſage, puis ſera ledit Aprentif Enregiſtré au Livre des Compagnons. Et pour ce payera trente ſols aux Maiſtres Iurez en Charge: Ne pourront leſdits Maiſtres obliger autres Aprentifs qu'ils n'ayent fait faire leſdites experiences à ceux qui auront fait leurs temps, à peine de vingt-quatre livr. d'amande, ny ne pourront auſſi leſdits Aprentifs s'abſenter de la maiſon & ſervice de leur Maiſtre ſans cauſe legitime, jugée telle par le Iuge de police; permis auſdits Maiſtres de les faire arreſter par tout où ils ſe trouveront pour leur faire achever leurs temps, ſinon un mois apres les avoir fait ſommer à leur perſonne ou domicile, ils pourront les faire rayer du Livre de la Communauté & en prendre d'autres en leur lieu, ſans que leſdits Apprentifs qui auront quitté le ſervice puiſſent ſe prevaloir du temps qui ſe ſera écoulé pendant leur abſence & premier Apprentiſſage, ſauf auſdits Apprentifs à s'obliger de nouveau à un autre Maiſtre pour le meſme temps de quatre années; apres leſquelles ils ne pourront eſtre admis à la Maiſtriſe qu'ils n'ayent ſervy les Maiſtres le meſme temps de deux années en qualité de Compagnon. Les Compagnons forains ſerviront les Maiſtres quatre années: Ne pourra le Maiſtre congedier ſon Apprentif ſans cauſe legitime jugée telle par l'Officier de police, ny en prendre un autre, s'eſtant abſenté que le mois cy-deſſus dit ne ſoit expiré, ny compoſer avec ſon Apprentif pour le temps qu'il auroit perdu par abſence ou autrement à peine de trente livres d'amande. Et arrivant qu'aucun deſdits Maiſtres vint à s'abſenter de la Ville de ſa demeure, ou ceſſer ſon travail, leſdits Maiſtres Iurez apres avoir pris connoiſſance de la choſe pourvoiront d'un autre Maiſtre audit Apprentif un mois apres. Et ne pourront leſdits Maiſtres débaucher ny attirer chez eux l'Apprentif ou Compagnon d'un autre Maiſtre

ny luy donner de l'employ directement ou indirectement à peine de foixante livres d'amande.

XCI.

Sı un Apprentif ou Compagnons font atteints ou convain-
cus d'avoir vollé leurs Maiſtres, ils feront pour jamais exclus de
parvenir à la Maiſtrife,& leurs condamnations feront tranfcriptes
fur le Regiſtre de la Communauté pour y avoir recours quand
befoin fera, Et ne pourront les Compagnons & Apprentifs teindre ny reteindre pour eux & à leur profit, en leurs maifons, dans
les boutiques, ny ailleurs , à peine de punition exemplaire ∴ Et ſi
un Maiſtre veut donner congé à unCõpagnon, il fera tenu l'ad-
vertir par écrit un mois auparavant, & ſi ledit Compagnon veut
fortir fera même advertiſſement. Toutesfois en cas d'infuffifance
dudit Compagnon, pourra le Maiſtre le mettre dehors huitaine
apres l'en avoir adverti ; auquel cas que ledit Maiſtre donnera
congé audit Compagnon, ou autre de fes Ouvriers ; Ledit Maiſtre ne pourra contraindre le nouveau Maiſtre fous lequel fon
Ouvrier ira travailler de luy payer fur ce qui luy fera deub que la
huitiéme partie du fallaire du travail dudit Compagnon ou Ouvrier ; & au contraire , ſi ledit Compagnon & Ouvrier quitte fon
Maiſtre en luy donnant congé, fera le nouveau Maiſtre tenu de
payer comptant à fon dernier Maiſtre tout ce qui luy fera deub
par ledit Ouvrier & Compagnon, avant que de pouvoir employer ledit Compagnon, à peine de quarante-huit livres pa-
rifis d'amande : Et ſi ledit Compagnon eſt obligé à gages audit
Maiſtre par acte paſſé pardevant Notaire, ledit acte fera executé
pour tout le temps porté par iceluy, fans que ledit Compagon
fe puiſſe prevaloir du contenu cy-deſſus.

XCII.

Lε temps d'apprentiſſage & de compagnon en la maniere dite
cy-deſſus, eſtant expiré, l'afpirant qui voudra eſtre receu Maiſtre dudit Art fera Chef-d'œuvre en prefence des Maiſtres Jurez en charge, & de fix anciens qui auront paſſé par les charges
& de trois modernes, lequel Chef-d'œuvre fera fait & com-
pofé par ledit afpirant, fçavoir d'aſſeoir une Cuve dinde ou fleu-
rée, la bien vſer & tirer jufques a ce que ledit Chef-d'œuvre foit
ꝑentierement accomply; ce qui fe fera pendant cinq ou fix jours

au plus , & eſtant veû & viſité & reconnu bon par les Jurez en
charge , & les ſix anciens Maiſtres l'aſpirant ſera receu à la
Maiſtriſe à la pluralité des voix , & païera les droits accouſtu-
mez ainſi qu'ils ſeront reglez par le Juge de la Police ſans en
pouvoir reçevoir d'avantage , à peine de cent livres d'amande ,
puis preſtera le ſerment pardevant ledit Juge de Police qui luy
déliurera ſa Lettre de reception à la Maiſtriſe , ſans faire aucun
feſtin devant , pendant ny aprés ledit Chef-d'œuvre & reception , à peine contre ledit aſpirant de ſuſpention à la Maiſtriſe
pour vn an , & de cinquante livres d'amande contre chacun des
Maiſtres qui auront accepté ledit feſtin, dont ſera délivré executoire par le Juge de Police , aprés la preuve ſommaire qu'il ſera
tenu d'en faire & s'il arrivoit conteſtation pour la Reception
de Chef-d'œuvre , il ſera veu & viſité par ledit Juge de Police
ou autre par luy commis à cét éfet.

XCIII.

Fils de Mai-ſtres.

LES fils de Maiſtres ſeront receus à ladite Maiſtriſe faiſant
vne experience de Teinture pendant deux jours en preſence
des Gardes ou Jurez en charge , & de quatre anciens qui auront
paſſé par les charges , & aprés avoir ſatisfait aux droits portez
par le Reglement du Iuge de Police , ils preſteront le ſerment,
& leur ſeront leur Lettres délivrées; Pourront les Veufues des
Maiſtres continuer le Negoce & Art de la Teinture tout ainſi
que pouvoient faire leurs deffunts maris , ſans pouvoir neantmoins faire aucuns Aprentifs , mais ſeulement faire achever
en leurs maiſons ceux paſſez , & commancez par leurs deffunts
maris , & en cas que leſdits Veufues quitaſſent ledit Cõmerce
& Art , elles ſeront tenuës de remettre les Brevets & Aprentifs
entre les mains des Maiſtres Iurez en charges pour leur eſtre
pourveu d'vn autre Maiſtre , & achever de ſervir les Maiſtres
le temps porté par leſdits Brevets.

XCIV.

Bouti-ques.

AVCVNS deſdits Maiſtres & leurs Veufves ne pourront
occuper plus d'vne boutique , maiſon n'y ouvroir de Teinture ,
& pourront mettre au devant deſdites boutiques , tels tapis
qu'ils jugeront neceſſaires & autres choſes dependantes dudit
Art , ſans preſter leurs noms , à qui que ce ſoit ſous pretexte ny
autre-

autremenc à peine de cent livres d'amande, & feront exempts
du droit de hault ban.

XCV.

LES Maiſtres Gardes ou Iurez en charge , s'aſſembléront
au Bureau de leur communauté vne fois la femaine , & plus
ſouvent s'il eſt neceſſaire pour conferer des affaires d'icelle ,
ouïr les plaintes & denonciations qui leurs feront faites par les
Maiſtres , Veufves de Maiſtres , Compagnons ou Aprentifs
dudit eſtat touchant le fait d'iceluy, pour eſtre reglez par leſ-
dit Iurez en charge à l'amiable, s'il leur eſt poſſible. Et au cas
qu'il arrive quelques affaires de conſequence concernant ledit
Corps & Communauté leſdits Gardes & Iurez en charge aſſem-
bleront les Maiſtres qui auront paſſé par les charges les deux
dernieres années, & fix autres au moins, des plus notables auſ-
quels ils propoſeront leſdites affaires, & les reſoudront à la pluralité des voix , & ce qui fera ainſi fait fera executé par tous les
autres Maiſtres & tranſcrit ſur ledit Regiſtre de la Communauté , ſur lequel le preſent reglement fera auſſi tranſcript avec
la liſte de tous les Maiſtres dudit Art, à chacun deſquels leſdits
Maiſtres Iurez en charge feront tenus de délivrer une coppie dudit preſent reglement vne fois feulement aux frais & dépens de
la Communauté, de laquelle coppie leſd. Maiſtres feront tenus
de ſigner la reception ſur ledit Regiſtre portant leur ſubmiſſion
de l'executer, à peine de trente livres d'amande contre ceux
qui feront refuſans de le faire meſme d'interdiction de la Maiſtriſe juſques à ce qu'ils y ayent ſatisfait.

XCVI.

ET pour obſerver vn ordre dans la direction des affaires des
ladite Communauté des Marchands & Maiſtres Teinturiers , les
papiers, titres & contracts d'icelle feront mis par invantaire en
vn coffre fermant à deux clefs qui fera dans la chambre de
ladite Communauté, dont l'une fera entre les mains de l'vn des
Gardes ou Jurez Teinturiers en ſoye,&l'autre entre les mains de
l'un des Gardes ou Iurez Teinturiers en Laine pour la premiere
année, & la fecõde aux Jurez Teinturiers en Fil alternativement
entre leſd. Teinturiers en Laine & Fil feulement, & perpetuel-
lement en celle du Juré Teinturier en Soye, leſquels gardiens
deſditesclefs feront tenus de ſe trouver en la chambre de la

G

munauté pour l'ouverture dudit coffre toutesfois & quante, & celuy auquel on deliurera des papiers estans dans iceluy & concernans ladite Communauté en donnera son Recepice qui contiendra les causes pourquoy on les aura donnez.

XCVII.

Toutes les amandes & confiscations adjugées pour les contraventions aux presents Statuts & Reglemens, & en consequence d'iceux seront aplicables, sçavoir moitié à sa Majesté, vn quart aux Iurez qui en auront fait faire la saisie, & l'autre quart aux pauvres du lieu ou les Iugemens seront rendus.

XCVIII.

Affin de connoistre si les Gardes ou Iurez Teinturiers en Soye, Laine & Fil se feront bien & deüment aquitez du devoir de leur commission, dans les Villes ou il y aura cy-aprés corps & Cômunauté de Marchands Maistres Teinturiers en Soye, Laine & Fil, les Officiers qui auront droit de connoistre des Manufa. feront assembler pardevant eux aux lieux ordinaires & accoustumez pour les assemblées au mois de Ianvier de chacun année vn Marchand Mercier, & vn Marchand Maistre Ouvrier en Soye, & les Gardes ou Jurez Teinturiers en charge, avecc eux qui seront sortis de charge l'année precedente & six autres personnes de l'vne & l'autre Communauté tels, qu'ils les voudront choisir avec deux nottables Bourgeois afin que lesdits Marchands & Teinturiets en charge informant l'assemblée de l'estat auquel seront lesdits Tinturiers, de leur progrez, des moyens qu'ils jugeront les plus propres pour leur perfection; & de l'execution ou des contraventions aux presens Status & Reglemens qu'ils auront remarquez. Comme aussi des remedes qu'ils y ugeront nessaires pour estre sur le tout par ladite assemblée donné ses avis; ce fait en dresser proces verbal, & ordonner par lesdits Juges de Police des Manufactures ce qu'il apartiendra par raison, dont sera fait mention sur les Registres des Cômunautez desdits Marchands Merciers, Marchands Ouvriers en Soye & des Marchands Maistres Tinturiers en Soye, Laine & Fil, & du tout lesdits Officiers de Police des Mannufactures envoyront vne expedition au Surintendant des Arts, & Manufactures de France vn mois aprés lesdits assemblées, le tout gratuitement & sans frais.

EXTRAICT DES REGISTRES
du Conseil d'Eſtat.

22 Iuil-
let 1669
Arreſt
de ren-
voy aux
Officiers
de la
Police
du Cha-
ſtelet.

LE Roy ayant eſté informé par les Marchands Maiſtres Ouvriers en draps d'or, d'argent, & de ſoye de ſes vil-les de Paris, Lyon & Tours, que la deffectuoſité des Teintures de ſoyes & laines qu'ils employent auſdites Ma-nufactures & autres Eſtoffes eſt ſi grande qu'il leur eſt tout à fait impoſſible de les faire dans leur perfection à cauſe que leurs teintures ny ſont pas moins neceſſaires pour leur beauté & bon vſage que leur propre fabrique, à quoy il eſt tres-important de remedier : Ce qui ſemble ne ſe pouvoir mieux faire qu'en approuvant par ſa Majeſté le projet de Statut & Reglement general des Teintures de toutes les ſoyes, laine & fil de ſon Royaume, qui ſont employées tant auſdites Manufactures qu'aux tapiſſeries & autres ouvrages qui luy a eſté preſenté, & faiſant ſur iceluy expedier par ſa Majeſté ſes Lettres Pa-tentes pour le faire regiſtrer dans ſes Cours de Parlement, ob-ſerver & executer dans toute l'eſtendüe de ſon Royaume : A quoy ſa Majeſté voulant pourvoir, & ne rien obmettre de ce qui peut perfectionner leſdites Manufactures, & en augmen-ter le commerce dedans & dehors ſon Royaume, SA MAIE-STE' EN SON CONSEIL ROYAL de Commerce a renvoyé & renvoye ledit projet de Statuts & Reglement general au Lieu-tenant du Prevoſt de Paris, pour la Police, & au Procureur de ſa Majeſté au Chaſtelet, pour y donner leurs advis, & iceux veus & rapportez eſtre pourveu ainſi qu'il appartiendra par raiſon. FAIT au Conſeil d'Eſtat du Roy, tenu à S. Germain en Laye le vingt deuxiéme jour de Juillet 1669.

---

2. Aouſt
1669.
Advis
des Of-
ficiers
de la

VEv par Nous Gabriel Nicolas de la Reynie Conſeiller du Roy en ſes Conſeils d'Eſtat & Privé, Maiſtre des Requeſtes ordinaire de ſon Hoſtel, & Lieutenant de Police

Police
du Cha-
stelet.

de la ville Prevosté & Vicomté de Paris, & Armand Jean de Ryants aussi Conseiller du Roy en ses Conseils & son Procureur du Roy au Chastelet de Paris, les articles cy dessus transcrits au nombre de quatre-vingt dix-huit presentez à sa Majesté par les Marchands Maistres Ouvriers en draps d'or, d'argent & soye de cette ville de Paris, Lyon & Tours, à ce qu'il luy pleust les approuver & faire expedier sur iceux ses Lettres Patentes en forme de Statuts, Ordonnances & Reglemens pour les Teintures des soyes, laine & fil, l'Arrest du Conseil du vingt-deuxiéme Iuillet dernier, par lequel le Roy en son Conseil Royal du Commerce nous a renvoyé lesdits articles, pour sur iceux donner nostre advis: La Requeste à nous presétée par ledit Procureur du Roy par laquelle il nous auroit requis avant que dóner nôtre advis que les Maistres & Gardes des Marchands Maistres Ouvriers en drapt d'or, d'argent & de soye & les Iurez des Marchands Maistres Teinturiers en soye, laine & fil de lad. ville de Paris fussét ouys en sa presence sur lesd. Articles, & apres avoir entendu les uns & les autres sur iceux.

Nostre Advis est sous le bon plaisir de sa Majesté, que lesdits Articles sont necessaires pour le Restablissement & perfection des Teintures des draps & autres estoffes & ouvrages de soyes tant pour l'usage & consommation qui s'en fait dans le Royaume, que pour en augmenter le Commerce dans les pays estrangers. Fait à Paris le deuxiéme Aoust 1669. Signé De La Reynie & De Ryants.

Lettres
d'appro-
bation
des Ar-
ticles en
forme
de Re-
glemens
pour les
Teintu-
res des
Soyes
Laine,
&Fil.

LOVIS PAR LA GRACE DE DIEV, ROY DE FRANCE ET DE NAVARRE: A tous presens & à venir, Salut. Les Marchands Maistres Ouvriers en draps d'or, d'argent & de soyes, Nous ont representé que la perfection des Teintures de soyes qu'ils employent ausdits Manufactures & autres estoffes & ouvrages de soyes, est si importante, que sans cela il leur est impossible de les faire d'une parfaite beauté & bon usage, ny d'en augmenter le debit, tant en France, que dans les pays estrangers: C'est pourquoy il est tres-necessaire de remedier promptement aux abus qui se commettent ausdites Teintures; Comme aussi aux Teintures des lai-

nes qu'ils employent en quelques unes desdites Manufactures,
conformement aux Articles, en forme de Statuts Ordonnances & Reglement general pour toutes lesdites Teintures qu'ils
en ont dreffez, lefquels ils nous auroient prefentez, & fup-
pliez tres-humblement les vouloir approuver & fur iceux faire
expedier nos Lettres à ce neceffaires. A CES CAVSES, de
l'advis de Noftre Confeil de Commerce qui a veu & exa-
miné lefdits articles au nombre de quatre-vingt dix-huit, l'Ar-
reft de noftredit Confeil du vingt-deuxiéme Iuillet dernier
portant renvoy d'iceux au Lieutenant de Police, & à Noftre
Procureur au Chaftelet de Paris, pour y donner leur advis,
ledit advis eftant au bas defdits Articles du deuxiéme du prefent mois d'Aouft 1669. Le tout cy attaché fous le Contrefcel
de noftre Chancelerie Nous avons par ces Prefentes fignées
de noftre main & de noftre Grace fpeciale pleine Puiffance &
Autorité Royalle, approuvé & confirmé, approuvons & con-
firmons lefdits Articles de Statuts, Ordonnances & Reglemens pour les Teintures des foyes, laine & fil: VOVLONS
que dans toute l'eftendüe de noftre Royaume, Terre & Sei-
gneurie de noftre obeyffance, ils foient gardez, obfervez
& executez de point en point felon leur forme & teneur SI
DONNONS EN MANDEMENT à Nos Amez & Feaux Confeillers les Gens tenans noftre Cour de Parlement de Paris
que ces Prefentes & lefdits Articles de Status, Ordonnances
& Reglemens ils faffent lire, publier, regiftrer, garder & ob-
ferver, fans contrevenir, ny fouffrir qu'il y foit contrevenu,
nonobftât toutes chofes à ce contraires, aufquelles nous avons
derogé & derogeons : Et parce que des Prefentes & defd. Statuts & Reglemens l'on pourroit avoir affaire en plufieurs
lieux. VOVLONS qu'aux copies collationnées d'iceux par l'un
de nos Amez & Feaux Confeillers & Secretaires, foy fera ad-
joufté comme aux Originaux. CAR TEL EST NOSTRE PLAISIR;
Et afin que ce foit chofe ferme & ftable à toûjours, Nous
avons fait mettre noftre Seel à fefdites Prefentes. DONNE' à
S. Germain en Laye au mois d'Aouft l'an de grace 1669. Et de
noftre Regne le 27. Signé LOVIS ; & fur le reply, Par
le Roy, COLBERT: Et fcellées du grand Sceau de cire verte

en lacs de foye rouge & verte. Et à cofté, *Vifa* SEGVIER.
Pour fervir aux Lettres patentes en forme d'Edict, portant approba-
tion de divers Réglements & Statuts fur les Teintures des Soyes, Lai-
nes & Fil.

Eu publié & regiftré, oüy & ce requerant le Procureur General du
Roy, pour eftre executé felon fa forme & teneur. A Paris en Par-
lement, le Roy y feant en fon lict de Iuftice, le treZiéme jour d'Aouft
mil fix cent foixante neuf.

Signé DU TILLET.

Collationné aux Originaux par moy Confeiller
Secretaire du Roy, Maifon, Couronne
de France & de fes Finances.

www.ingramcontent.com/pod-product-compliance
Lightning Source LLC
LaVergne TN
LVHW020628180726
843502LV00006B/1919